古典精粹

西京雜記

〔漢〕劉歆 撰
〔晉〕葛洪 輯

中國書店

圖書在版編目（CIP）數據

西京雜記 ／(漢) 劉歆撰 ；(晋) 葛洪輯．— 北京 ：中國書店，2019.9

ISBN 978-7-5149-2180-9

Ⅰ．①西… Ⅱ．①劉… ②葛… Ⅲ．①筆記小説－小説集－中國－西漢時代 Ⅳ．①I242.1

中國版本圖書館CIP數據核字(2018)第215055號

西京雜記

[漢] 劉歆 撰 [晋] 葛洪 輯

責任編輯：趙小波

出版發行：中國書店

地　　址：北京市西城區琉璃廠東街115號

郵　　編：100050

印　　刷：藝堂印刷（天津）有限公司

開　　本：787毫米×1092毫米 1/16

版　　次：2019年9月第1版 2019年9月第1次印刷

印　　張：5.5

書　　號：ISBN 978-7-5149-2180-9

定　　價：40.00元

出版説明

『古典精粹』叢書收録了耳熟能詳的中國古代典籍，注重趣味性、可讀性。中國古代圖籍内容豐富，涉及門類廣泛，精刻本校勘謹嚴。選擇其中的經典本影印，可爲當代研究提供準確的資料，也可爲普通讀者接觸古籍提供機會。

《西京雜記》是一部中國古代歷史筆記小説集，漢代劉歆撰，東晋葛洪輯。今本共六卷一百餘則。劉歆（前五〇—二三），字子駿，後改名秀，字穎叔，古文經學派的開創者、目録學家、天文曆算家。他曾給《山海經》作注，漢哀帝時負責總校群書，依托《别録》，修訂中國歷史上第一部圖書分類目録《七略》；任天文官時，整理成三統曆。葛洪（二八四—三六四），字稚川，自號抱朴子，三國方士葛玄之侄孫，世稱小仙翁，東晋道教學者、著名化學家、醫藥學家。他曾受封爲關内侯，著有《肘後方》等。

《西京雜記》中『西京』即西漢都城長安，本書所記載的就是西漢長安的雜史與逸聞軼事，所述多怪誕之事，學者多認爲不足信。全書内容繁雜，對帝后公卿的奢侈好尚、園林宫殿、華服典章、奇珍异物等都有描述。魯迅稱其『意緒奇异，文筆可觀』，書中『畫工弃市』『昭君和番』『相如死渴』『兩秋胡曾參毛遂』等很多内容，都成爲後世文學創作的素材，具有較高的文學價值。

《西京雜記》的版本較爲複雜。此書最早爲二卷本，《隋書·經籍志》《新唐書·藝文志》《崇文總目》均著録爲二卷，而《舊唐書·經籍志》著録爲一卷。陳振孫《直齋書録解題》著録爲六卷，并認爲『今六卷者，後人之分也』。二卷本今存有明抄本、清盧文弨刻《抱經堂叢書》本、一九一七年潮陽鄭氏刻《龍溪精舍叢書》本等，其内容與六卷本基本相同。六卷本今存版本有數十種之衆，以明清刻本爲主。存世最早的版本爲明嘉靖元年（一五二二）沈氏野竹齋刻本，流傳極稀；明嘉靖十三年（一五三四）黄省曾刻本，爲明代較通行的版本；明嘉靖三十一年（一五五二）孔天胤刻本的版本價值較高，《四部叢刊》據以影印，今人之點校本亦多以此爲底本。據孔天胤刻書序稱：『余携有舊本在巾笥中，會左使百川張公下車宣條，敦修古藝憲之事。余因出其書商之，遂命工鋟梓，置省閣中，以存舊而廣傳。』

此次出版《西京雜記》，即據明嘉靖三十一年孔天胤刻本影印。

中國書店出版社

二〇一九年五月

目録

刻西京雜記序

西京雜記以記漢故事名本叙謂是劉歆所編錄歆多聞博綜故所述經奇今關中固漢西京也鴻人達士慕漢之盛弔古登高往往歎陵谷之變遷傷文獻之闕絶或得斷碑殘礎片甋隻字云是漢者即欣睹健羨如獲珙璧方且亟為表識恐復湮滅好古

之信也乃若此書所存言宮室苑囿輿服典章高文奇技瑰行偉才以及幽鄙而不涉淫恠爛然如藻之所極觀實盛稱長安之舊制矣故未央昆明上林之記詳於郡史卿雲辭賦之心閎於本傳文木等八賦雅麗獨陳雨雹對一篇天人茂著餘如此類徧難悉數然以之考古豈不烱覽巨麗

秇緣其書罕傳故關中稱多古圖籍亦獨闕之余携有舊本在巾笥中會左使百川張公下車宣條敦修古藝憲之事余因出其書商之遂命工鋟梓置省閣中以存舊而廣傳不知好古者視之果何如也嘉靖壬子夏四月上日河汾孔天胤識

西京雜記第一

丹陽葛洪稚川集

漢高帝七年蕭相國營未央宮因龍首山製前殿建北闕未央宮周迴二十二里九十五步五尺街道周迴七十里臺殿四十三其三十二在外其十一在後宮池十三山六池一山一亦在後宮門闥凡九十五

武帝作昆明池欲伐昆吾夷教習水戰因而於上游戲養魚魚給諸陵廟祭祀餘付長安市賣之池周迴四十里

漢制宗廟八月飲酎用九醖太牢皇帝侍祠以正月旦作酒八月成名曰酎一曰九醖一名醇酎

京師大水祭山川以止雨丞相御史二千石禱祠如
求雨灋
天子筆管以錯寶爲跗毛皆以秋兔之毫官師路扈
爲之以雜寶爲匣廁以玉璧翠羽皆直百金
漢制天子玉几冬則加綈錦其上謂之綈几以爲牙
爲火籠籠上皆散華文後宮則五色綾文以酒爲書
滴取其不冰以玉爲硯亦取其不冰夏設羽扇冬設
繒扇公侯皆以竹木爲几冬則以細罽爲橐以憑之
不得加綈錦
武帝昔西域獻吉光裘入水不濡上昔服此裘以聽
朝

高帝戚夫人善鼓瑟擊筑帝常擁夫人倚瑟而絃歌畢每泣下流漣夫人善為翹袖折腰之舞歌出塞入塞望歸之曲侍婢數百皆習之後宮齊首高唱聲入雲霄

戚姬以百鍊金為彄環照見指骨上惡之以賜侍兒鳴玉耀光等各四枚

趙王如意年幼未能親外傅戚姬使舊趙王內傅趙嫗傅之號其室曰養德宮後改為魚藻宮

惠帝嘗與趙王同寢處呂后欲殺之而未得後帝早獵王不能夙興呂后命力士於被中縊殺之及死呂后不之信以綠囊盛之載以小軿車入見乃厚賜力

士力士是東郭門外官奴帝後知腰斬之后不知也

樂遊苑自生玫瑰樹樹下多苜蓿苜蓿一名懷風時人或謂之光風風在其間常蕭蕭然日照其花有光采故名苜蓿爲懷風茂陵人謂之連枝草

太液池邊皆是彫胡紫蘀綠節之類菰之有米者長安人謂爲彫胡葭蘆之未解葉者謂之紫蘀菰之有首者謂之綠節其間鳧雛鴈子布滿充積又多紫龜綠鼈池邊多平沙沙上鵜鶘鷓鴣鵁鶄鴻鶂動輒成羣

終南山多離合草葉似江蘺而紅綠相雜莖皆紫色氣如蘼蕪有樹直上百丈無枝上結叢條如車蓋葉

一青一赤望之班駮如錦繡長安謂之丹青樹亦云
華蓋樹亦生熊耳山
漢帝相傳以秦王子嬰所奉白玉璽高祖斬白蛇劍
劍上有七采珠九華玉以爲飾雜廁五色琉璃爲劍
匣劍在室中光景猶照於外與挺劍不殊十二年一
加磨瑩刃上常若霜雪開匣拔鞘輒有風氣光彩射
人
漢綵女常以七月七日穿七孔鍼於開襟樓俱以習
之
宣帝被收繫郡邸獄臂上猶帶史良娣合采婉轉絲
繩繫身毒國寶鏡一枚大如八銖錢舊傳此鏡見妖

魅得佩之者爲天神所福故宣帝從危獲濟及即大位每持此鏡感咽移辰常以琥珀笥盛之緘以戚里織成錦一曰斜文錦帝崩不知所在

霍光妻遺淳于衍蒲桃錦二十四匹散花綾二十五匹綾出鉅鹿陳寶光家寶光妻傳其法霍顯召入其第使作之機用一百二十鑷六十日成一匹匹直萬錢又與走珠一琲綠綾百端錢百萬黃金百兩爲起第宅奴婢不可勝數衍猶怨曰吾爲爾成何功而報我若是哉

濟陰王興居反始舉兵大風從東來直吹其旌旗飛上天入雲而墮城西井中馬皆悲鳴不進左右李廓

等諫不聽後卒自殺

五鹿充宗受學於弘成子成子少旹嘗有人過已授以文石大如鷰卵成子吞之遂大明悟為天下通儒成子後病吐出此石以授充宗充宗又為碩學也

始元元年黃鵠下太液池上為歌曰黃鵠飛兮下建章羽肅肅兮行蹌蹌金為衣兮菊為裳唼喋荷荇出入蒹葭自顧菲薄愧爾嘉祥

漢帝送死皆珠襦玉匣匣形如鎧甲連以金縷武帝匣上皆鏤為蛟龍鸞鳳龜麟之象世謂為蛟龍玉匣

成帝設雲帳雲幄雲幕於甘泉紫殿世謂三雲殿漢掖庭有月影臺雲光殿九華殿鳴鸞殿開襟閣臨池

觀不在簿籍皆繁華窈窕之所棲宿焉
趙飛鷰女弟居昭陽殿中庭彤朱而殿上丹漆砌皆
銅沓黃金塗白玉階壁帶往往爲黃金釭含藍田璧
明珠翠羽飾之上設九金龍皆銜九子金鈴五色流
蘇帶以綠文紫綬金銀花鑷每好風日幡旄光影照
耀一殿鈴鑷之聲驚動左右中設木畫屏風文如蜘
蛛絲縷玉几玉牀白象牙簟綠熊席席毛長二尺餘
人眠而擁毛自蔽望之不能見坐則沒膝其中雜熏
諸香一坐此席餘香百日不歇有四玉鎮皆達照無
瑕缺窻扉多是綠琉璃亦皆達照毛髮不得藏焉椽
桷皆刻作龍蛇縈繞其間鱗甲分明見者莫不兢慄

匠人丁緩李菊巧爲天下第一締構既成向其姊子樊延年説之而外人稀知莫能傳者

積草池中有珊瑚樹高一丈二尺一本三柯上有四百六十二條是南越王趙他所獻號爲烽火樹至夜光景常欲燃

昆明池刻玉石爲魚每至雷雨魚常鳴吼鬐尾皆動漢世祭之以祈雨往往有驗

初修上林苑羣臣遠方各獻名果異樹亦有製爲美名以摽奇麗○梨十紫梨青梨(實大)芳梨(實小)大谷梨細葉梨縹葉梨金葉梨(出琅琊王野家太守王唐所獻)瀚海梨(出瀚海北耐寒不枯)東王梨(出海中)紫條梨○棗七弱枝棗玉門棗棠棗

青華棗梬棗赤心棗西王棗出崑崙山○栗四侯栗榛栗瑰栗嶧陽栗嶧陽都尉曹龍所獻大如拳○桃十秦桃榹桃緗核桃金城桃綺葉桃紫文桃霜桃霜下可食胡桃出西域櫻桃含桃○李十五紫李綠李朱李黃李青綺李青房李同心李車下李合枝李金枝李顏淵李出魯羌李燕李蠻李侯李○柰三白柰紫柰花紫色綠柰花綠色○查三蠻查羌查猴查○椑三青椑赤葉椑烏椑○棠四赤棠白棠青棠沙棠○梅七朱梅紫葉梅紫華梅同心梅麗枝梅燕梅猴梅○杏二文杏材有文采蓬萊杏東郭都尉干吉所獻一株花雜五色六出云是仙人所食○桐三椅桐梧桐荊桐林檎十株○枇杷十株○橙十株○安石榴○楟十株

白銀樹十株○黃銀樹十株○槐六百四十○千秊長生樹十株○萬秊長生樹十株○扶老木十株○守宮槐十株○金明樹二十株○搖風樹十株○鳴風樹十株○琉璃樹七株○池離樹十株○離婁樹十株○白俞梅杜梅桂蜀漆樹十株○柟四株○樅七株○栝十株○楔四株○楓四株

余就上林令虞淵得朝臣所上草木名二千餘種鄰人石瓊就余求借一皆遺棄今以所記憶列於篇右

長安巧工丁緩者爲常滿燈七龍五鳳雜以芙蓉蓮藕之奇又作臥褥香爐一名被中香爐本出房風其灋後絕至緩始更爲之爲機環轉運四周而爐體常

平可置之被褥故以為名又作九層博山香鑪鏤為奇禽怪獸窮諸靈異皆自然運動

又作七輪扇連七輪大皆徑丈相連續一人運之滿堂寒顫

趙飛燕為皇后其女弟在昭陽殿遺飛燕書曰今日嘉辰貴姊懋膺洪冊謹上襚三十五條以陳踊躍之心

金華紫輪帽 金華紫羅面衣 織成上襦 織成下裳 五色文綬 鴛鴦襦 鴛鴦被 鴛鴦褥 金錯繡襠 七寶綦履 五色文玉環 同心七寶釵 黃金步搖 合懽圓璫 琥珀枕 龜文枕

珊瑚玦　馬腦彄　雲母扇　孔雀扇　翠羽扇
九華扇　五明扇　雲母屏風　琉璃屏風　五層
金博山香鑪　迴風扇　椰葉席　同心梅　含枝
李　青木香　沈水香　香螺巵出南海一名丹螺　九真
雄麝香　七枝鐙

趙后體輕腰弱善行步進退女弟昭儀不能及也但
昭儀弱骨豐肌尤工笑語二人並色如紅玉爲當時
第一皆擅寵後宮

西京雜記第二

元帝後宮既多不得常見乃使畫工圖形案圖召幸之諸宮人皆賂畫工多者十萬少者亦不減五萬獨王嬙不肯遂不得見匈奴入朝求美人爲閼氏於是上案圖以昭君行及去召見貌爲後宮第一善應對舉止閑雅帝悔之而名籍已定帝重信於外國故不復更人乃窮案其事畫工皆棄市籍其家資皆巨萬畫工有杜陵毛延壽爲人形醜好老少必得其眞安陵陳敞新豐劉白龔寬並工爲牛馬飛鳥衆勢人形好醜不逮延壽下杜陽望亦善畫尤善布色樊育亦善布色同日棄市京師畫工於是差稀

武帝欲殺乳母乳母告急於東方朔朔曰帝忍而愎旁人言之益死之速耳汝臨去但屢顧我我當設奇以激之乳母如言朔在帝側曰汝宜速去帝今已大豈念汝乳哺時恩邪帝愴然遂舍之

五侯不相能賓客不得來往婁護豐辯傳食五侯間各得其懽心競致奇膳護乃合以爲鯖世稱五侯鯖以爲奇味焉

公孫弘起家徒步爲丞相故人高賀從之弘食以脫粟飯覆以布被賀怨曰何用故人富貴爲脫粟布被我自有之弘大慚賀告人曰公孫弘內服貂蟬外衣麻枲內廚五鼎外膳一肴豈可以示天下於是朝廷

疑其矯焉弘嘆曰寧逢惡賓不逢故人

文帝自代還有良馬九匹皆天下之駿馬也一名浮雲一名赤電一名絶羣一名逸驃一名紫鷰騮一名緑螭驄一名龍子一名麟駒一名絶塵號爲九逸有來宣能御代王號爲王良俱還代邸

武帝時身毒國獻連環羈皆以白玉作之馬瑙石爲勒白光琉璃爲鞍鞍在闇室中常照十餘丈如晝日自是長安始盛飾鞍馬競加雕鏤或一馬之飾直百金皆以南海白蜃爲珂紫金爲華以飾其上猶以不鳴爲患或加以鈴鑷飾以流蘇走則如撞鐘磬若飛幡葆後得貳師天馬帝以玫瑰石爲鞍鏤以金銀鍮

石以綠地五色錦爲蔽泥後稍以熊羆皮爲之熊羆
毛有綠光皆長二尺者直百金卓王孫有百餘雙詔
使獻二十枚
昭帝旹茂陵家人獻寶劍上銘曰直千金壽萬歲
司馬相如初與卓文君還成都居貧愁懣以所著鷫
鸘裘就市人陽昌貰酒與文君爲懽既而文君抱頸
而泣曰我平生富足今乃以衣裘貰酒遂相與謀於
成都賣酒相如親著犢鼻褌滌器以恥王孫王孫果
以爲病乃厚給文君文君遂爲富人文君姣好眉色
如望遠山臉際常若芙蓉肌膚柔滑如脂十七而寡
爲人放誕風流故悅長卿之才而越禮焉長卿素有

消渴疾及還成都悅文君之色遂以發痼疾乃作美人賦欲以自刺而終不能改卒以此疾至死文君爲誄傳於世

慶安世年十五爲成帝侍郎善鼓琴能爲雙鳳離鸞之曲趙后悅之白上得出入御內絕見愛幸嘗著輕絲履招風扇紫綈裘與后同居處欲有子而終無胤嗣趙后自以無子常託以祈禱別開一室自左右侍婢以外莫得至者上亦不得至焉以軿車載輕薄少年爲女子服入後宮者日以十數與之淫通無時休息有疲怠者輒差代之而卒無子

太上皇徙長安居深宮悽愴不樂高祖竊因左右問

其故以平生所好皆屠販少年酤酒賣餅鬭雞蹴踘以此爲懽今皆無此故以不樂高祖乃作新豐移諸故人實之太上皇乃悅故新豐多無賴無衣冠子弟故也高祖少旹常祭枌榆之社及移新豐亦還立焉

高帝既作新豐幷移舊社衢巷棟宇物色惟舊士女老幼相攜路首各知其室放犬羊雞鴨於通塗亦競識其家其匠人胡寬所營也移者皆悅其似而德之故競加賞贈月餘致累百金

漢諸陵寢皆以竹爲簾簾皆爲水紋及龍鳳之像昭陽殿織珠爲簾風至則鳴如珩珮之聲

楊雄讀書有人語之曰無爲自苦玄故難傳忽然不

見雄著太玄經夢吐鳳凰集玄之上頃而滅

司馬相如爲上林子虛賦意思蕭散不復與外事相關控引天地錯綜古今忽然如睡煥然而興幾百日而後成其友人盛覽字長通牂牁名士嘗問以作賦相如曰合綦組以成文列錦繡而爲質一經一緯一宮一商此賦之迹也賦家之心苞括宇宙總覽人物斯乃得之於內不可得而傳覽乃作合組歌列錦賦而退終身不復敢言作賦之心矣

董仲舒夢蛟龍入懷乃作春秋繁露詞

或問楊雄爲賦雄曰讀千首賦乃能爲之

匡衡字稚圭勤學而無燭鄰舍有燭而不逮衡乃穿

壁引其光以書映光而讀之邑人大姓文不識家富多書衡乃與其傭作而不求償主人怪問衡衡曰願得主人書遍讀之主人感嘆資給以書遂成大學衡能說詩昔人爲之語曰無說詩匡鼎來匡說詩解人頤鼎衡小名也昔人畏服之如是聞者皆解頤懽笑衡邑人有言詩者衡從之與語質疑邑人挫服倒屣而去衡追之曰先生留聽更理前論邑人曰窮矣遂去不返

長安有儒生曰惠莊聞朱雲折五鹿充宗之角乃嘆息曰栗犢反能爾邪吾終恥溺死溝中遂裹糧從雲雲與言莊不能對逡巡而去拊心謂人曰吾口不能

劇談此中多有

武帝過李夫人就取玉簪搔頭自此後宮人搔頭皆用玉玉價倍貴焉

杜陵杜夫子善弈棊為天下第一人或譏其費日夫子曰精其理者足以大裨聖教

成帝好蹴踘羣臣以蹴踘為勞體非至尊所宜帝曰朕好之可擇似而不勞者奏之家君作彈棊以獻帝大悅賜青羔裘紫絲履服以朝覲

元封二年大寒雪深五尺野鳥獸皆死牛馬皆踡蹜如蝟三輔人民凍死者十有二三

武帝為七寶牀雜寶桉廁寶屏風列寶帳設於桂宮

昔人謂之四寶宮

瓠子河決有蛟龍從九子自決中逆上入河噴沫流波數十里

文帝初多雨積霖至百日而止

王鳳以五月五日生其父欲不舉曰俗諺舉五日子長及戶則自害不則害其父母其叔父曰昔田文以此日生其父嬰勑其母曰勿舉其母竊舉之後為孟嘗君號其母為薛公大家以古事推之非不祥也遂舉之

惠帝七年夏雷震南山大木數千株皆火燃至末其下數十畝地草皆燋黃其後百許日家人就其間得

龍骨一具鮫骨二具

高祖為泗水亭長送徒驪山將與故人訣去徒卒贈高祖酒二壺鹿肚牛肝各一高祖與樂從者飲酒食肉而去後即帝位朝晡尚食常具此二炙并酒二壺

梁孝王好營宮室苑囿之樂作曜華之宮築兔園園中有百靈山山有膚寸石落猿巖棲龍岫又有鴈池池間有鶴洲鳧渚其諸宮觀相連延亘數十里奇果異樹瑰禽怪獸畢備王日與宮人賓客弋釣其中

魯恭王好鬬雞鴨及鵝鴈養孔雀鵁鶄俸穀一歲費二千石

會稽歲時獻竹簟供御世號為流黃簟

朱買臣爲會稽太守懷章綬還至舍亭而國人未知也所知錢勃見其暴露乃勞之曰得無罷乎還與紈扇買臣至郡引爲上客尋還爲掾史

西京雜記第二

西京雜記第三

余所知有鞠道龍善爲幻術向余說古昔事有東海人黄公少昔爲術能制蛇御虎佩赤金刀以絳繒束髮立興雲霧坐成山河及衰老氣力羸憊飲酒過度不能復行其術秦末有白虎見於東海黄公乃以赤刀往厭之術既不行遂爲虎所殺三輔人俗用以爲戲漢帝亦取以爲角抵之戲焉　又說淮南王好方士方士皆以術見遂有畫地成江河撮土爲山巖噓吸爲寒暑噴嗽爲雨霧王亦卒與諸方士俱去

楊子雲好事常懷鉛提槧從諸計吏訪殊方絶域四方之語以爲裨補輶軒所載亦洪意也

文帝時鄧通得賜蜀銅山聽得鑄錢文字肉好皆與天子錢同故富侔人主時吳王亦有銅山鑄錢故有吳錢微重文字肉好與漢錢不異

楊貴字王孫京兆人也生時厚自奉養死卒裸葬於終南山其子孫掘土鑿石深七尺而下屍上復蓋之以石欲儉而反奢也

傅介子年十四好學書嘗棄觚而嘆曰大丈夫當立功絕域何能坐事散儒後卒斬匈奴使者還拜中郎復斬樓蘭王首封義陽侯

余少時聞平陵曹敞在吳章門下往往好斥人過以為輕薄世人皆以為然章後為王莽所殺人無有敢

收葬者弟子皆變易姓名以從他師敞昔爲司徒掾獨稱吳章弟子收葬其屍方知亮直者不見容於冗輩中矣平陵人生爲立碑於吳章墓側在龍首山南幕嶺上

文帝爲太子立思賢苑以招賓客苑中有堂隍六所客館皆廣廡高軒屏風幃褥甚麗

廣陵王胥有勇力常於别囿學格熊後遂能空手搏之莫不絕脰後爲獸所傷陷腦而死

郭威字文偉茂陵人也好讀書以謂爾雅周公所制而爾雅有張仲孝友張仲宣王旹人非周公之制明矣余甞以問楊子雲子雲曰孔子門徒游夏之儔所

記以解釋六藝者也家君以爲外戚傳稱史佚教其子以爾雅爾雅小學也又記言孔子教魯哀公學爾雅爾雅之出遠矣舊傳學者皆云周公所記也張仲孝友之類後人所足耳

茂陵富人袁廣漢藏鏹巨萬家僮八九百人於北邙山下築園東西四里南北五里激流水注其內構石爲山高十餘丈連延數里養白鸚鵡紫鴛鴦犛牛青兕奇獸怪禽委積其間積沙爲洲嶼激水爲波潮其中致江鷗海鶴孕雛產鷇延漫林池奇樹異草靡不具植屋皆徘徊連屬重閣修廊行之移晷不能徧也廣漢後有罪誅沒入爲官園鳥獸草木皆移植上林

苑中
五柞宮有五柞樹皆連三抱上枝蔭覆數十畝其宮
西有青梧觀觀前有三梧桐樹樹下有石騏驎二枚
刋其脇爲文字是秦始皇酈山墓上物也頭高一丈
三尺東邊者前左脚折折處有赤如血父老謂其有
神皆含血屬筋焉
高祖初入咸陽宮周行庫府金玉珍寶不可稱言其
尤驚異者有青玉五枝燈高七尺五寸作蟠螭以口
銜燈燈燃鱗甲皆動煥炳若列星而盈室焉復鑄銅
人十二枚坐皆高三尺列在一筵上琴筑笙竽各有
所執皆綴花采儼若生人筵下有二銅管上口高數

尺出筵後其一管空一管內有繩大如指使一人吹空管一人紐繩則衆樂皆作與眞樂不異焉有琴長六尺安十三絃二十六徽皆用七寶飾之銘曰璠璵之樂玉管長二尺三寸二十六孔吹之則見車馬山林隱轔相次吹息亦不復見銘曰昭華之琯有方鏡廣四尺高五尺九寸表裏有明人直來照之影則倒見以手捫心而來則見腸胃五臟歷然無礙人有疾病在內則掩心而照之則知病之所在又女子有邪心則膽張心動秦始皇常以照宮人膽張心動者則殺之高祖悉封閉以待項羽羽併將以東後不知所在

尉他獻高祖鮫魚荔枝高祖報以蒲桃錦四匹

戚夫人侍兒賈佩蘭後出爲扶風人段儒妻說在宮內旹見戚夫人侍高帝嘗以趙王如意爲言而高祖思之幾半日不言歎息悽愴而未知其術輒使夫人擊筑高祖歌大風詩以和之又說在宮內旹嘗以絃管歌舞相歡娛競爲妖服以趣良旹十月十五日共入靈女廟以豚黍樂神吹笛擊筑歌上靈之曲既而相與連臂踏地爲節歌赤鳳凰來至七月七日臨百子池作于闐樂樂畢以五色縷相羈謂爲相連愛八月四日出雕房北戶竹下圍碁勝者終年有福負者終年疾病取絲縷就北辰星求長命乃免九月九日

佩茱萸食蓬餌飲菊華酒令人長壽菊華舒時并採莖葉雜黍米釀之至來年九月九日始熟就飲焉故謂之菊華酒正月上辰出池邊盥濯食蓬餌以祓妖邪三月上巳張樂於流水如此終歲焉戚夫人死侍兒皆復爲民妻也

何武葬北邙山薄龍坂王嘉冢東北一里

杜子夏葬長安北四里臨終作文曰魏郡杜鄴立志忠款犬馬未陳奄先草露骨肉歸於后土氣魂無所不之何必故丘然後即化封於長安北郭此焉宴息及死命刊石埋於墓側墓前種松柏樹五株至今茂盛

淮南王安著鴻烈二十一篇鴻大也烈明也言大明
禮教號爲淮南子一曰劉安子自云字中皆挾風霜
楊子雲以爲一出一入
公孫弘著公孫子言刑名事亦謂字直百金
司馬長卿賦旹人皆稱典而麗雖詩人之作不能加
也楊子雲曰長卿賦不似從人間來其神化所至邪
子雲學相如爲賦而弗逮故雅服焉
長安有慶虬之亦善爲賦嘗爲淸思賦旹人不之貴
也乃託以相如所作遂大見重於世
相如將獻賦未知所爲夢一黃衣翁謂之曰可爲大
人賦遂作大人賦言神僊之事以獻之賜錦四匹

相如將聘茂陵人女爲妾卓文君作白頭吟以自絶

相如乃止

樊將軍噲問陸賈曰自古人君皆云受命於天云有瑞應豈有是乎賈應之曰有之夫目瞤得酒食燈火華得錢財乾鵲噪而行人至蜘蛛集而百事喜小旣有徵大亦宜然故目瞤則呪之火華則拜之乾鵲噪則餧之蜘蛛集則放之況天下大寶人君重位非天命何以得之哉瑞者寶也信也天以寶爲信應人之德故曰瑞應無天命無寶信不可以力取也

霍將軍妻一產二子疑所爲兄弟或曰前生爲兄後生者爲弟今雖俱日亦宜以先生爲兄或曰居上者

宜爲兄居下宜爲弟居下者前生今宜以前生爲弟
旹霍光聞之曰昔殷王祖甲一產二子曰囂曰良以
卯日生囂以巳日生良則以囂爲兄以良爲弟若以
在上者爲兄囂亦當爲弟昔許釐莊公一產二女曰
妖曰茂楚大夫唐勒一產二子一男一女男曰貞夫
女曰瓊華皆以先生爲長近代鄭昌旹文長蒨並生
二男滕公一生二女李黎生一男一女並以前生者
爲長霍氏亦以前生爲兄焉
枚皐文章敏疾長卿制作淹遲皆盡一旹之譽而長
卿首尾溫麗枚皐旹有累句故知疾行無善迹矣楊
子雲曰軍旅之際戎馬之間飛書馳檄用枚皐廊廟

之下朝廷之中高文典冊用相如

西京雜記第三

西京雜記第四

安定嵩真玄菟曹元理並明筭術皆成帝時人真嘗自筭其年壽七十三真綏和元年正月二十五日晡死書其壁以記之至二十四日晡時死其妻曰見真筭時長下一筭欲以告之慮脫有旨故不敢言今果校一日真又曰北邙青隴上孤檟之西四丈所鑿之入七尺吾欲葬此地及真死依言往掘得古時空槨即以葬焉

元理嘗從其友人陳廣漢廣漢曰吾有二囷米忘其石數子爲計之元理以食筯十餘轉曰東囷七百四十九石二升七合又十餘轉曰西囷六百九十七石

八㪷遂大署囷門後出米西囷六百九十七石七㪷
九升中有一鼠大堪一升東囷不差圭合元理後歲
復過廣漢廣漢以米數告之元理以手擊牀曰遂不
知鼠之殊米不如剥面皮矣廣漢爲之取酒鹿脯數
片元理復筭曰諸蔗二十五區應收一千五百三十
六枚蹲鴟三十七畝應收六百七十三石千牛產二
百犢萬鷄將五萬雛羊豕鵝鴨皆道其數果蓏肴蔌
悉知其所乃曰此資業之廣何供饋之偏邪廣漢慙
曰有蒼卒客無蒼卒主人元理曰俎上蒸㹠一頭廚
中荔枝一柈皆可爲設廣漢再拜謝罪自入取之盡
日爲歡其術後傳南季南季傳項瑫瑫傳子陸皆得

其分數而失玄妙焉

衛將軍青生子或有獻騧馬者乃命其子曰騧字叔馬其後改為登字叔昇

哀帝為董賢起大第於北闕下重五殿洞六門柱壁皆畫雲氣蘂蘤山靈水怪或衣以綈錦或飾以金玉南門三重署曰南中門南上門南更門東西各三門隨方面題署亦如之樓閣臺榭轉相連注山池玩好窮盡雕麗

平津侯自以布衣為宰相乃開東閣營客館以招天下之士其一曰欽賢館以待大賢次曰翹材館以待大才次曰接士館以待國士其有德任毗贊佐理陰

陽者處欽賢之館其有才堪九烈將軍二千石者居翹材之館其有一介之善一方之藝居接士之館而躬自菲薄所得俸祿以奉待之

閩越王獻高帝石蜜五斛蜜燭二百枚白鷴黑鷴各一雙高帝大悅厚報遣其使

滕公駕至東都門馬鳴跼不肯前以足跑地久之滕公使士卒掘馬所跑地入三尺所得石槨滕公以燭照之有銘焉乃以水洗寫其文文字皆古異左右莫能知以問叔孫通通曰科斗書也以今文寫之曰佳城鬱鬱三千年見白日吁嗟滕公居此室滕公曰嗟乎天也吾死其卽安此乎死遂葬焉

韓嫣好彈常以金爲丸所失者日有十餘長安爲之語曰苦饑寒逐金丸京師兒童每聞嫣出彈輒隨之望丸之所落輒拾焉

司馬遷發憤作史記百三十篇先達稱爲良史之才其以伯夷居列傳之首以爲善而無報也爲項羽本紀以踞高位者非關有德也及其序屈原賈誼辭旨抑揚悲而不傷亦近代之偉才

梁孝王遊於忘憂之館集諸遊士各使爲賦枚乘爲柳賦其辭曰忘憂之館垂條之木枝逶遲而含紫葉萋萋而吐綠出入風雲去來羽族既上下而好音亦黄衣而絳足蜩螗厲響蜘蛛吐絲階草漠漠白日遲

遲于嗟細柳流亂輕絲君王淵穆其度御羣英而翫之小臣聲瞽與此陳詞于嗟樂兮於是鐏盈縹玉之酒爵獻金漿之醪梁人作諸蔗酒名金漿庶羞千族盈滿六庖弱絲清管與風霜而共雕鎗鍠啾唧蕭條寂寥儁乂英旄列襟聯袍小臣莫效於鴻毛空銜鮮而嗽醪雖復河清海竭終無增景於邊撩

路喬如爲鶴賦其辭曰白鳥朱冠鼓翼池干舉脩距而躍躍奮皓翅之䎗䎗宛脩頸而顧步啄沙磧而相懽豈忘赤霄之上忽池籞而盤桓飲清流而不舉食稻粱而未安故知野禽野性未脫籠樊賴吾王之廣愛雖禽鳥兮抱恩方騰驤而鳴舞憑朱檻而爲歡

公孫詭爲文鹿賦其詞曰麀鹿濯濯來我槐庭食我槐葉懷我德聲質如緗縟文如素綦呦呦相召小雅之詩歎丘山之比歲逢梁王於一昔

鄒陽爲酒賦其詞曰清者爲酒濁者爲醴清者聖明濁者頑騃皆麴湒丘之麥釀野田之米倉風莫預方金未啓嗟同物而異味歎殊才而共侍流光醳醳甘滋泥泥醪釀既成綠瓷既啓且筐且漉載篘載齊庶民以爲歡君子以爲禮其品類則沙洛淥酃程鄉若下高公之清關中白薄青渚縈停凝醳醇酎千日一醒哲王臨國綽矣多暇召皤皤之臣聚肅肅之賓安廣坐列雕屏綃綺爲席犀璩爲鎮曳長裾飛廣袖奮

長纓英偉之士莞爾而即之君王憑玉几倚玉屏舉手一勞四座之士皆若哺粱焉乃縱酒作倡傾盌覆觴右曰宮申旁亦徵揚樂只之深不任於是錫名餌祛夕醉遣朝醒吾君壽億萬歲常與日月爭光

公孫乘爲月賦其詞曰月出皦兮君子之光鶤雞舞於蘭渚蟋蟀鳴於西堂君有禮樂我有衣裳猗嗟明月當心而出隱員巖而似鈎蔽脩堞而分鏡既少進以增輝遂臨庭而高映炎日匪明皓壁非淨躔度運行陰陽以正文林辯囿小臣不佞

羊勝爲屏風賦其辭曰屏風鞈匝蔽我君王重葩累繡沓璧連璋飾以文錦映以流黃畫以古列顒顒昂

昻藩后宜之壽考無疆

韓安國作几賦不成鄒陽代作其辭曰高樹淩雲蟠紆煩冤旁生附枝王爾公輸之徒荷斧斤援葛虆攀喬枝上不測之絶頂伐之以歸眇者督直聾者磨礱齊貢金斧楚入名工迺成斯几離奇髣髴似龍盤馬迴鳳去鸞歸君王憑之聖德日躋鄒陽安國罰酒三升賜枚乘路喬如絹人五匹

梁孝王入朝與上爲家人之讌乃問王諸子王頓首謝曰有五男卽拜爲列侯賜與衣裳器服王薨又分梁國爲五進五侯皆爲王

河間王德築日華宮置客館二十餘區以待學士自

奉養不踰賓客

梁孝王子賈從朝年幼竇太后欲强冠婚之上謂王曰兒堪棄矣王頓首謝曰臣聞禮二十而冠冠而字字以表德自非顯才高行安可强冠之哉帝曰兒堪冠矣餘日帝又曰兒堪室矣王頓首曰臣聞禮三十壯有室兒年蒙悼未有人父之端安可强室之哉帝曰兒堪室矣餘日賈朝至闕而遺其舄帝曰兒真幼矣白太后未可冠婚之

江都王勁捷能超七尺屏風

元后在家嘗有白鸛銜白石大如指墜后績筐中后取之石自剖爲二其中有文曰母天地后乃合之遂

復還合乃寶録焉後爲皇后常并置璽笥中謂爲天璽也

漢朝以玉爲虎子以爲便器使侍中執之行幸以從

中書以武都紫泥爲璽室加緑綈其上

茂陵文固陽本瑯琊人善馴野雉爲媒用以射雉每以三春之月爲茅障以自翳用觟矢以射之日連百數茂陵輕薄者化之皆以雜寶錯廁翳障以青州蘆葦爲弩矢輕騎妖服追隨於道路以爲懽娛也陽死其子亦善其事董司馬好之以爲上客

茂陵少年李亨好馳駿狗逐狡獸或以鷹鷂逐雉兔皆爲之佳名狗則有脩毫釐睫白望青曹之名鷹則

有青翅黄眸青冥金距之屬鴿則有從風鴿孤飛鴿
楊萬秊有猛犬名青駮買之百金
成帝旹交趾越嶲獻長鳴鷄伺晨雞即下漏驗之晷
刻無差長鳴雞則一食頃不絶長距善鬭
許博昌安陵人也善陸博竇嬰好之常與居處其術
曰方畔揭道張張畔揭道方張究屈玄高高玄屈究
張又曰張道揭畔方方畔揭道張張究屈玄高高玄
屈究張三輔兒童皆誦之灋用六箸或謂之究以竹
爲之長六分或用二箸博昌又作大博經一篇今世
傳
高祖與項羽戰於垓下孔將軍居左費將軍居右皆

假爲名

東方生善嘯每曼聲長嘯輒塵落帽

京兆有古生者學縱橫揣磨弄矢摇丸樗蒱之術爲都掾史四十餘季善訑謾二千石隨以諧謔皆握其權要而得其懽心趙廣漢爲京兆尹下車而黜之終于家京師至今俳戲皆稱古掾曹

婁敬始因虞將軍請見高祖衣旃衣披羊裘虞將軍脫其身上衣服以衣之敬曰敬本衣帛則衣帛見敬本衣旃則衣旃見今捨旃褐假鮮華是矯常也不敢脫羊裘而衣旃以見高祖

西京雜記第四

西京雜記第五

會稽人顧翱少失父事母至孝母好食雕胡飯常帥子女躬自採擷還家導水鑿川自種供養每有嬴儲家亦近太湖湖中後自生雕胡無復餘草蟲鳥不敢至焉遂得以爲養郡縣表其閭舍

齊人劉道强善彈琴能作單鵠寡鳧之弄聽者皆悲不能自攝

趙后有寶琴曰鳳凰皆以金玉隱起爲龍鳳螭鸞古賢列女之象亦善爲歸風送遠之操

公孫弘以元光五年爲國士所推上爲賢良國人鄒長倩以其家貧少自資致乃解衣裳以衣之釋所着

冠屨以與之又贈以芻一束素絲一襚撲滿一枚書題遺之曰夫人無幽顯道在則爲尊雖生芻之賤也不能脫落君子故贈君生芻一束詩人所謂生芻一束其人如玉五絲爲䌰倍䌰爲升倍升爲緎倍緎爲紀倍紀爲緵倍緵爲襚此自少之多自微至著也士之立功勳效名節亦復如之勿以小善不足脩而不爲也故贈君素絲一襚撲滿者以土爲器以蓄錢具其有入竅而無出竅滿則撲之土麤物也錢重貨也入而不出積而不散故撲之士有聚斂而不能散者將有撲滿之敗可不誡歟故贈君撲滿一枚徛嗟盛歟山川阻脩加以風露次卿足下勉作功名竊在下

風以侯嘉礜弘答爛敗不存
漢朝輿駕祠甘泉汾陰備千乘萬騎太僕執轡大將
軍陪乘名爲大駕
司馬車駕四中道
辟惡車駕四中道
記道車駕四中道
靖室車駕四中道
爲車鼓吹十三人中道
式道候二人駕一左右一人
長安都尉四人騎左右各二人
長安亭長十人駕左右各五人

長安令車駕三中道
京兆掾史三人駕一三分
京兆尹車駕四中道
司隷部京兆從事都部
從事別駕一車三分
司隷校尉駕四中道
廷尉駕四中道
太僕宗正引從事駕四左右
太常光祿衛尉駕四三分
太尉外部都督令史賊曹屬倉曹屬戶曹屬東曹掾
西曹掾駕一左右各一

太尉駕四中道

太尉舍人祭酒駕一左右

司徒列從如太尉王公騎令史持戟吏亦各八人鼓吹一部

中護軍騎中道左右各三行戟楯弓矢鼓吹各一部

步兵校尉長水校尉駕一左右

隊百匹左右

騎隊十左右各五

前軍將軍左右各二行戟楯刀楯鼓吹各一部七人

射聲翊軍校尉駕三左右二行戟楯刀楯鼓吹各一部七人

驍騎將軍游擊將軍駕三左右二行戟楯刀楯鼓吹各一部七人

黃門前部鼓吹左右各一部十三人駕四

前黃麾騎中道
自此分爲八校左四右四
護駕御史騎左右
御史中丞駕一中道
謁者僕射駕四
武剛車駕四中道
九斿車駕四中道
雲罕車駕四中道
皮軒車駕四中道
闟戟車駕四中道
鸞旗車駕四中道

建華車駕四中道左右
虎賁中郎將車駕二中道
護駕尚書郎三人騎三分
護駕尚書三中道
相風烏車駕四中道
自此分爲十二校左右各六
殿中御史騎左右
輿兵中郎騎中道
高華中道　畢䍐左右
節十六左八右八　御馬三分
華蓋中道

自此分爲十六校左八右八
剛鼓中道金根車
自此分爲二十校滿道
左衛　右衛將軍
華蓋自此後麋爛不存
元光元年七月京師雨雹鮑敞問董仲舒曰雹何物也何氣而生之仲舒曰陰氣脅陽氣天地之氣陰陽相半和氣周迴朝夕不息陽德用事則和氣皆陽建巳之月是也故謂之正陽之月陰德用事則和氣皆陰建亥之月是也故謂之正陰之月十月陰雖用事而陰不孤立此月純陰疑於無陽故謂之陽月詩人

所謂日月陽止者也四月陽雖用事而陽不獨存此月純陽疑於無陰故亦謂之陰月自十月巳後陽氣始生於地下漸冉流散故言息也陰氣轉收故言消也日夜滋生遂至四月純陽用事自四月巳後陰氣始生於天上漸冉流散故言息也陽氣轉收故言消也日夜滋生遂至十月純陰用事二月八月陰陽正等無多少也以此推移無有差慝運動抑揚更相動薄則熏蒿歊蒸而風雨雲霧雷電雪雹生焉氣上薄爲雨下薄爲霧風其噫也雲其氣也雷其相擊之聲也電其相擊之光也二氣之初蒸也若有若無若實若虛若方若圓攢聚相合其體稍重故雨乘虛而墜

風多則合速故雨大而疎風少則合遲故雨細而密其寒月則雨凝於上體尚輕微而因風相襲故成雪焉寒有高下上暖下寒則上合爲大雨下凝爲冰霰雪是也雹霰之流也陰氣暴上雨則凝結成雹焉太平之世則風不鳴條開甲散萌而已雨不破塊潤葉津莖而已雷不驚人號令啓發而已電不眩目宣示光耀而已霧不塞望浸淫被泊而已雪不封條凌殄毒害而已雲則五色而爲慶三色而成矞露則結味而成甘結潤而成膏此聖人之在上則陰陽和風雨當也政多紕繆則陰陽不調風發屋雨溢河雪至牛目雹殺驢馬此皆陰陽相蕩而爲祲沴之妖也敬曰

四月無陰十月無陽何以明陰不孤立陽不獨存邪仲舒曰陰陽雖異而所資一氣也陽用事此則氣爲陽陰用事此則氣爲陰陰陽之旨雖異而二體常存猶如一鼎之水而未加火純陰也加火極熱純陽也純陽則無陰息火水寒則更陰矣純陰則無陽加火水熱則更陽矣然則建巳之月爲純陽不容都無復陰也但是陽家用事陽氣之極耳薺麥枯由陰殺也建亥之月爲純陰不容都無復陽也但是陰家用事陰氣之極耳薺麥始生由陽升也其著者葶藶死於盛夏款冬華於嚴寒水極陰而有溫泉火至陽而有涼焰故知陰不得無陽陽不容都無陰也敞曰冬雨

必暖夏雨必涼何也曰冬氣多寒陽氣自上躋故人得其暖而上蒸成雪矣夏氣多暖陰氣自下昇故人得其涼而上蒸成雨矣敞曰雨既陰陽相蒸四月純陽十月純陰斯則無二氣相薄則不雨乎曰然則純陽純陰雖在四月十月但月中之一日耳敞曰月中何日曰純陽用事未夏至一日純陰用事未冬至一日朔旦夏至冬至其正氣也敞曰然則未至一日其不雨乎曰然頗有之則妖也和氣之中自生災沴能使陰陽改節暖涼失度敞曰災沴之氣其常存邪曰無也旹生耳猶乎人四支五臟中也有旹及其病也四支五臟皆病也敞遷延負牆俛揖而退

武帝時郭舍人善投壺以竹爲矢不用棘也古之投壺取中而不求還故實小豆惡其矢躍而出也郭舍人則激矢令還一矢百餘反謂之爲驍言如博之竪棊於輩中爲驍傑也每爲武帝投壺輒賜金帛

武帝以象牙爲簟賜李夫人

賈誼在長沙鵩鳥集其承塵長沙俗以鵩鳥至人家主人死誼作鵩鳥賦齊死生等榮辱以遣憂累焉

李廣與兄弟共獵於冥山之北見卧虎焉射之一矢即斃斷其髑髏以爲枕示服猛也鑄銅象其形爲溲器示厭辱之也他日復獵於冥山之陽又見卧虎射之没矢飲羽進而視之乃石也其形類虎退而射更

鏃破鏃折而石不傷余嘗以問楊子雲子雲曰至誠則金石爲開余應之曰昔人有遊東海者既而風惡船漂不能制船隨風浪莫知所之一日一夜得至一孤洲共侶歡然下石植纜登洲煮食食未熟而洲沒在船者斫斷其纜船復漂蕩向者孤洲乃大魚怒掉揚鬐吸波吐浪而去疾如風雲在洲死者十餘人又余所知陳縞質木人也入終南山采薪還晚趨舍未至見張丞相墓前石馬謂爲鹿也即以斧撾之斧缺柯折石馬不傷此二者亦至誠也卒有沈溺缺斧之事何金石之所感偏乎子雲無以應余

西京雜記第五

西京雜記第六

魯恭王得文木一枚伐以爲器意甚玩之中山王爲賦曰麗木離披生彼高崖拂天河而布葉橫日路而擢枝幼雛羸鷇單雄寡雌紛紜翔集嘈嗷鳴啼載重雪而稍勁風將等歲於二儀巧匠不識王子見知乃命班爾載斧伐斯隱若天崩豁如地裂華葉分披條枝摧折既剝既刊見其文章或如龍盤虎踞復以鸞集鳳翔青緺紫綬環璧珪璋重山累嶂連波疊浪奔電屯雲薄霧濃雰麚宗驥旅雞族雉群蠋繡鴦錦蓮藻芰文色比金而有裕質參玉而無分裁爲用器曲直舒卷脩竹映池高松植巘制爲樂器婉轉蟠紆鳳

將九子龍道寸五駒制制爲屏風鬱崙弗穹隆制爲杖几極
麗窮諂美制爲枕案文章璀璨彪炳渙汗製裂爲盤盂采
玩蜘躕猗歟君子其樂只且恭王大悅顧眄而笑賜
駿馬二匹
廣川王去疾好聚無賴少年遊獵畢弋無度國內冢
藏一皆發掘余所知爰猛說其大父爲廣川王中尉
每諫王不聽病免歸家說王所發掘冢墓不可勝數
其奇異者百數焉爲余說十許事今記之如左
魏襄王冢皆以文石爲槨高八尺許廣狹容四十人
以手捫槨滑液如新中有石牀石屏風婉然周正不
見棺柩明器蹤跡但牀上有玉唾壺一枚銅劍二枚

金玉雜具皆如新物王取服之
哀王冢以鐵灌其上穿鑿三日乃開有黃氣如霧觸人鼻目皆辛苦不可入以兵守之七日乃歇初至一戶無扃鑰石牀方四尺牀上有石几左右各三石人立侍皆武冠帶劒復入一戶石扉有關鑰叩開見棺柩黑光照人刀斫不入燒鋸截之乃漆雜兕革爲棺厚數寸累積十餘重力不能開乃止復入一戶亦石扉開鑰得石牀方七尺石屏風銅帳⿰金冓一具或在牀上或在地下似是帳縻朽而銅⿰金冓墮落牀上石枕一枚塵埃朏朏甚高似是衣服牀左右石婦人各二十悉皆立侍或有執巾櫛鏡鑷之象或有執盤奉食之

形無餘異物但有鐵鏡數百枚

魏王子且渠冢甚淺狹無棺柩但有石牀廣六尺長一丈石屏風牀下悉是雲母牀上兩屍一男一女皆年二十許俱東首裸卧無衣衾肌膚顏色如生人鬢髮齒爪亦如生人王畏懼之不敢侵近還擁閉如舊焉

袁盎冢以瓦爲棺槨器物都無唯有銅鏡一枚

晉靈公冢甚瑰壯四角皆以石爲玃犬捧燭石人男女四十餘皆立侍棺器無復形兆屍猶不壞孔竅中皆有金玉其餘器物皆朽爛不可別唯玉蟾蜍一枚大如拳腹空容五合水光潤如新王取以盛書滴

幽王冢甚高壯羨門既開皆是石堊撥除丈餘深乃得雲母深尺餘見百餘屍縱橫相枕藉皆不朽唯一男子餘皆女子或坐或臥亦猶有立者衣服形色不異生人

欒書冢棺柩明器朽爛無餘有一白狐見人驚走左右遂擊之不能得傷其左脚有夕王夢一丈夫鬚眉盡白來謂王曰何故傷吾左脚乃以杖叩王左脚王覺脚腫痛生瘡至死不差

太液池中有鳴鶴舟容與舟清曠舟採菱舟越女舟

太液池西有一池名孤樹池池中有洲洲上煔樹一株六十餘圍望之重重如蓋故取爲名

昆明池中有戈船樓船各數百艘樓船上建樓櫓戈船上建戈矛四角悉垂幡旄旍葆麾蓋照灼涯涘余少旹猶憶見之

韓嫣以玳瑁爲牀

漢承周史官至武帝置太史公太史公司馬談世爲太史子遷年十三使乘傳行天下求古諸侯史記續孔氏古文序世事作傳百三十卷五十萬字談死子遷以世官復爲太史公位在丞相下天下上計先上太史公副上丞相太史公序事如古春秋遷司馬氏本古周史佚後也作景帝本紀極言其短及武帝之過帝怒而削去之後坐舉李陵陵降匈奴下遷蠶室

有怨言下獄死宣帝以其官為令行太史公文書事
而已不復用其子孫

皇太子官稱家臣動作稱從

杜陵秋胡者能通尚書善為古隸字為翟公所禮欲
以兄女妻之或曰秋胡已經娶而失禮妻遂溺死不
可妻也馳為曰昔魯人秋胡娶妻三月而遊宦三年
休還家其婦採桑於郊胡至郊而不識其妻也見而
悅之乃遺黃金一鎰妻曰妾有夫遊宦不返幽閨獨
處三年于茲未有被辱于今日也採不顧胡慚而退
至家問家人妻何在曰行採桑於郊未返既還乃向
所挑之婦也夫妻並慙妻赴沂水而死今之秋胡非

笞之秋胡也笞魯曾有兩曾參趙有兩毛遂南曾參殺人見捕人以告北曾參母野人毛遂墜井而死客以告平原君平原君曰嗟乎天喪予矣既而知野人毛遂非平原君客也豈得以笞之秋胡失禮而絕婚今之秋胡哉物固亦有似之而非者玉之未理者爲璞死鼠未屠者亦爲璞月之旦爲朔車之輈亦謂之朔名齊實異所宜辯也

洪家世有劉子駿漢書一百卷無首尾題目但以甲乙丙丁紀其卷數先父傳之歆欲撰漢書編録漢事未得締構而亡故書無宗本止雜記而已失前後之次無事類之辨後好事者以意次第之始甲終癸爲

十秩秩十卷合為百卷洪家具有其書試以此記考校班固所作殆是全取劉書有小異同耳并固所不取不過二萬許言今抄出為二卷名曰西京雜記以裨漢書之闕爾後洪家遭火書籍都盡此兩卷在洪巾箱中常以自隨故得猶在劉歆所記世人希有縱復有者多不備足見其首尾參錯前後倒亂亦不知何書罕能全錄恐年代稍久歆所撰遂沒并洪家此書二卷不知出所故序之云爾

洪家復有漢武帝禁中起居注一卷漢武故事二卷世人希有之者今并五卷為一秩庶免淪沒焉

西京雜記第六終

ISBN 978-7-5149-2180-9
9 787514 921809 >
定價：40.00元